AF360146

RAPPORT

SUR

L'EXPOSITION PUBLIQUE

DES PRODUITS DES ARTS

DU DEPARTEMENT DU CALVADOS,

EN L'AN XI.

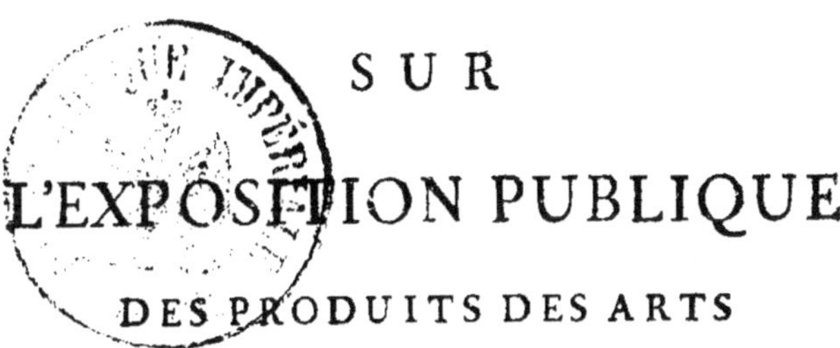

PAR PIERRE-AIMÉ LAIR,

Secrétaire de la Société d'Agriculture et de Commerce, et membre de l'Académie de Caen, correspondant des Sociétés Philomatique et Médicale de Paris, de celles des Observateurs de l'Homme et d'encouragement pour l'Industrie nationale, associé des Académies de Rouen, d'Alençon, de Metz, etc.

Imprimé par Arrêté de la Société.

———

A CAEN,

Chez F. POISSON, Imprimeur de la Société d'Agriculture et de Commerce.

AN XI. — 1803.

RAPPORT

SUR

L'EXPOSITION PUBLIQUE,

Fait à la Société d'Agriculture et de Commerce de Caen, dans sa séance particulière de Prairial.

En nous proposant d'offrir aux yeux du public les produits des Arts de notre département, nous avions d'abord appréhendé que le trop court intervalle de temps entre l'annonce de l'exposition et l'exposition elle-même, ne nuisît au succès de notre entreprise. Bientôt nous avons été rassurés. Les fabricans, empressés de répondre à cette honorable invitation, sont accourus avec les objets sortis de leurs manufactures, et le vaste local destiné à les recevoir, sembloit trop étroit pour les contenir. Envain l'on affectait de répéter que l'industrie ne pouvait prospérer dans notre ville. Nos commerçans se sont chargés de répondre à cette fausse assertion, par des chef-d'œuvres, et l'exposition formée en grande partie d'objets fabriqués à Caen, prouve combien ses habitans sont industrieux.

Pour présenter le tableau général de nos manufactures, nous avons saisi le moment où la foire attire un grand nombre d'étrangers dans nos murs, afin de faire connaître les productions du Calvados, et d'exciter cette noble émulation qui développe les talens. Nous ne nous sommes pas bornés à cette preuve générale de considération, nous avons voulu joindre des marques d'une distinction particulière pour les personnes qui montreraient une supériorité marquée, en leur décernant de la manière la plus solennelle, des médailles d'encouragement.

Une commission composée de sept membres, choisis dans le sein de la Société, les cit^s Nicolas, Lescaille, Saffrey, Thierry, Prudhomme, Noury et Lair, avait été chargée de faire un rapport sur les produits présentés au concours. Nous avons jetté un regard attentif sur tous les objets soumis à notre examen. Ne nous en rapportant point à nous mêmes, nous avons appellé et consulté dans chaque partie les hommes de l'art. Mais lorsque nous avons vu tant de gens de mérite empressés à concourir , nous avons éprouvé l'embarras du choix , et vivement regretté de ne pouvoir disposer d'un plus grand nombre de prix. Après une mûre délibération , il nous a semblé que l'homme qui , par ses rapports commerciaux et son intelligence , faisait vivre de nombreuses familles , ou introduisait une nouvelle branche de commerce , méritait la préférence. En rendant hommage aux talens isolés d'un individu , nous avons donné l'avantage aux fabriques dont l'étendue et les débouchés faciles procurent un produit plus considérable pour notre département : puissions nous avoir ménagé toutes les passions, nous qui n'avons été dirigés que par l'amour du bien public , et par la plus sévère impartialité.

Le 6 floréal , jour fixé pour la distribution des médailles , toutes les autorités civiles et militaires, invitées par la Société à cette cérémonie , se sont rassemblées au milieu d'un concours nombreux de spectateurs. Rien n'avait été négligé pour donner de l'éclat à cette fête départementale , qui , au mérite de la nouveauté , joignait le vif intérêt qu'inspire toujours la rivalité des talens.

Le citoyen Daigremont-St-Manvieux , maire de la ville , qui présidoit en l'absence du citoyen

Caffarelli , préfet , a ouvert la séance par un discours , dans lequel il a fait sentir tout le pouvoir de l'émulation sur les hommes. Il a observé
que si la France voulait s'élever par son industrie au-dessus de toutes les nations , elle n'y par-
viendrait qu'en encourageant les commerçans ,
cette classe d'hommes estimables , dont tous les
momens sont consacrés à des travaux utiles.
Après leur avoir adressé des remercîmens , pour
l'empressement qu'ils ont mis à remplir les vues
bienfaisantes de la Société , le citoyen Daigre-
mont a vivement exprimé nos regrets d'être privé
de la présence de celui qui , comme chef du département , contribue par son zèle et ses lumiè-
res , au bonheur des administrés confiés à ses
soins.

Les citoyens Nicolas , Lescaille , Saffrey , ont
ensuite lu , au nom de la commission , un rapport motivé et détaillé sur tous les produits de
l'exposition ; fait à la hâte , il ne s'est nullement
ressenti de la précipitation avec laquelle il a été
composé ; rempli de réflexions judicieuses , il
annonce de vastes connaissances ; il honore
à la fois nos collègues qui ont bien voulu s'en
occuper , et les personnes qui en ont été
l'objet. Chargé par la Société , de rédiger le

procès-verbal de la séance publique de l'exposition, je vais lui présenter l'extrait de leur rapport,
qui servira de base au mien. Je joindrai aux
noms des fabricans qui ont obtenu des médailles
et des mentions honorables , celui de tous ceux
qui ont concouru.

MÉDAILLES.

Les Actionnaires de la manufacture de Porcelaine de Caen.

Quelques particuliers dirigés , moins par l'intérêt personnel que par l'amour de leur pays ,
donnèrent il y a six ans l'exemple d'une asso-
ciation louable , en formant à Caen , une manufacture de Porcelaine , dans ce temps mal-
heureux où les fabriques de la ville languissaient.
Sans se laisser rebuter par de nombreux obsta-
cles , ils ont porté cet établissement à un tel dé-
gré de perfection , qu'il peut déjà soutenir la
concurrence avec ceux qui jouissent de la plus
grande célébrité. Les objets nombreux exposés
à nos regards , nous ont frappés par la blancheur
de la pâte , l'élégance des formes , le bon choix
des desseins , et le brillant des couleurs. Une
entreprise de cette espèce, présente d'autant plus
d'avantages , qu'en faisant vivre beaucoup d'ou-

vriers , elle contribue à rendre les étrangers tributaires de la France. D'après des considérations aussi puissantes , il a été accordé une Médaille aux Actionnaires de cette intéressante manufacture.

ADRIEN OURSIN , CAZE freres et *compagnie,* tanneurs , à St-Pierre-Oursin.

L'art du Tanneur , qui dans ce département, a fait long-temps une branche d'industrie trèsétendue , était insensiblement dégénéré en routine. Le citoyen Oursin de Monchevreuil , propriétaire du vaste Marais-des-Terriers , défriché par ses ancêtres , voulant rendre au commerce les services qu'ils avoient rendus à l'agriculture , a formé une tannerie dans le même endroit. Cette fabrique , placée très-avantageusement , près de Caen , sur les bords de la grande route de Paris , et dirigée par des personnes habiles , a bientôt reçu un grand accroissement, par les capitaux considérables que la confiance de nombreux actionnaires y a portée. Ils n'ont pas voulu que l'on jugeât de leur tannerie sur quelques échantillons tronqués ; ils ont exposé un grand nombre de cuirs préparés à la française ou à l'anglaise , à la flotte ou à la jusée , tant pour souliers et tiges de bottes , que pour sellerie et corroyerie. Tous ces objets annoncent une parfaite connaissance des manipulations dans l'art du tanneur. La Société, bien convaincue qu'il est peu de manufactures plus dignes d'encouragement, que celles qui s'occupent de préparer les peaux que notre pays fournit en si grande quantité, n'a pas hésité à donner un prix aux citoyens Oursin, Caze freres et compagnie, dont l'exemple excitera sans-doute, parmi les fabricans en ce genre, une noble émulation qui ne peut que tourner à l'avantage du commerce.

PIERRE GAUTIER, serrurier-méchanicien, à Caen : machine propre à remplacer une cuisse ou une jambe amputée.

La Méchanique, cette science qui procure à l'homme tant de jouissances et de consolations, a fait faire au cit. Gautier une découverte importante, celle d'une nouvelle machine propre à remplacer une cuisse ou une jambe amputée. Des ressorts qui imitent les articulations naturelles communiquent la flexion et l'extension. La grande difficulté consistait à trouver un point d'appui capable de supporter le poids du corps, sans nuire à l'agilité des mouvemens. Le citoyen Gautier y est parvenu au moyen d'un levier qui fait les mêmes fonctions que la plante du pied. Cette machine facilite tellement la marche , que l'œil le plus attentif saisit à peine quelque différence. Ingénieuse et simple comme tout ce qui approche de la perfection , elle pourrait être employée avec le plus grand succès , par les braves défenseurs de la patrie. Un objet qui tend à soulager l'humanité souffrante devait fixer l'attention de la Société ; elle a couronné l'auteur de cette utile invention.

BRUNON l'aîné , propriétaire et directeur de la manufacture d'Armes, à Caen.

Une fabrique qui entretient journellement près de cent ouvriers , ne pouvoit manquer d'inspirer le plus vif intérêt. Avant le citoyen Brunon , les armuriers de Caen se bornoient à la fabrication particulière des fusils de chasse. Par son industrie , il a créé une manufacture d'armes en grand , et par ses rapports commerciaux , il est parvenu à lui donner une extension considérable. Chargé de plusieurs fournitures pour les troupes de terre et de mer , il a plus d'une fois reçu du gouvernement , des témoignages honorables de satisfaction. Mais le pays , auquel il étoit étranger , et qu'il a depuis long-temps adopté comme sa patrie , lui doit une reconnaissance particulière. Nous lui avons accordé un prix , en récompense des peines qu'il s'est donnée pour monter un établissement aussi avantageux.

Mm⁰ MANCHON, fabricant de dentelles, à Caen.

Les Dentelles qui ont été exposées le disputent en beauté et en qualité à celles qui jouissent du plus grand renom : elles prouvent combien ce genre d'industrie est amélioré depuis dix ans. La soie et le fil, qui autrefois à Caen servaient plutôt à faire une espèce de passement que de la dentelle, se sont prêtés avantageusement sous la main de l'ouvrière, à toutes les formes agréables que le goût peut inventer. La robe, la tunique et le schal en dentelle noire, prouvent l'usage varié des objets de cette fabrique, et présentent de grandes difficultés vaincues par Mm⁰ Manchon. Les dessins en sont aussi gracieux qu'exécutés avec soin. La Société sachant apprécier les talens et le zèle de cette dame, lui a décerné une Médaille.

SAINT - JORE, fabricant de dentelles, à Caen.

Tout le monde a remarqué une dentelle d'une grande hauteur, présentée par le citoyen St-Jore. Il a aussi exposé les deux côtés d'un sac à ouvrage, devenu depuis quelque temps une nouvelle parure pour les femmes. Il étoit orné d'un médaillon renfermant le chiffre du vainqueur de Maringo. Cette idée nous rappelle le temps de l'ancienne chevalerie. Si la galanterie de nos modernes guerriers les portait à décorer leurs armes du nom de leurs dames, elles pourraient aussi faire tracer, à l'aide de notre fabrique, des chiffres chéris, et introduire dans un tissu léger, des emblêmes flatteurs. Le cit. St-Jore, qui s'est occupé toute sa vie des progrès de la fabrique de dentelles de Caen, avait les plus grands droits à notre reconnaissance, il a été également couronné.

Si nous avons accordé deux Médailles à la manufacture de dentelles, c'est qu'il n'en existe pas dans notre département, qui occupe autant de bras et qui soit plus productive. Le prix de la main-d'œuvre surpasse tellement le prix de la matière première, que celle-ci acquiert quelquefois par l'industrie du fabricant et le travail de l'ouvrière, plus du centuple de valeur.

Longuet l'aîné, fabricant de bonneterie, à Caen.

La beauté des ouvrages de Bonneterie offerts à nos yeux, prouve que cette fabrique a conservé sa bonne qualité, et qu'elle mérite la réputation dont elle jouit depuis long-temps. Elle s'est même améliorée pour le choix et l'emploi des matières. Parmi beaucoup d'échantillons en laine, fil et angora, nous avons distingué des bas de coton de 4 et 5 fils, qui, par leur finesse et par l'égalité de l'estame, font espérer que désormais les Français, au lieu d'aller chercher ailleurs des produits que nous offrent nos manufactures, en feront un objet d'exportation. Nous avons eu besoin d'une grande attention, pour distinguer la différence qui existe entre les ouvrages du citoyen Godefroi et ceux du citoyen Longuet. Nous eussions désiré leur présenter à chacun une Médaille, mais le nombre était déterminé; nous avons partagé entr'eux nos éloges et donné la Médaille au citoyen Longuet.

Nous étant imposé, par délicatesse, le devoir de n'admettre au concours aucun de nos collègues, nous n'avons pu offrir au citoyen Bellamy que des remercîmens. La perfection de sa manufacture de bonneterie, et l'étendue de ses relations commerciales, qui le rendent recommandable sous le double rapport de fabricant et de négociant, nous prouvent combien il avait de droits pour être appellé dans une société qui s'occupe avec tant de succès de faire fleurir le commerce.

Le Rebours l'aîné , fabricant de frocs , à Lisieux.

Les pièces de frocs que le citoyen le Rebours a exposées annoncent une fabrication soignée , dont la teinture et l'apprêt sont également bons. Cette étoffe , d'un usage très-commun et très-avantageux pour l'habillement du peuple , est d'une grande consommation dans ce département , et dans ceux qui l'avoisinent. La grande utilité de cette manufacture , tant par l'emploi des laines du pays , que par le travail multiplié qu'elle procure , a porté la Société à offrir une Médaille au citoyen le Rebours. Elle présente , en sa personne , à tous les fabricans de Lisieux un tribut mérité d'éloges.

Gervais Leclerc , de Falaise , fabricant de siamoises et de mouchoirs , façon de Cholet.

Parmi les divers échantillons de la fabrique du citoyen Gervais Leclerc , les mouchoirs *façon Cholet* , ont fixé particulièrement l'attention : ces objets sont si recherchés par leur bas prix et leur solidité , que ceux même qui , dans les Indes , fabriquent les *Madras* , font usage de mouchoirs *Cholet.* C'est à ce seul genre de manufacture que la ville de ce nom, a dû long-tems sa prospérité. Ses industrieux ouvriers, dis-

persés par le torrent de la révolution , en se ré-
fugiant dans les contrées voisines , y ont porté ,
avec leurs malheurs , leur industrie ; par-tout elle
a prospéré. Elle peut également devenir une
source de richesses pour ce département. La Société a décerné une Médaille au citoyen Gervais
Leclerc , auquel nous sommes redevables de
cette nouvelle branche de commerce.

DESÉTABLES l'aîné , fabricant de papier , à
Vire.

Il existe beaucoup de manufactures de Papier
dans l'arrondissement de Vire , mais la plupart
dirigées par la routine. Le citoyen Desétables a
prouvé qu'elles pouvaient rivaliser avec les autres fabriques de France. Rempli de connaissances et plein d'activité , il s'est particulièrement attaché à enlever aux étrangers plusieurs
branches de commerce. C'est lui qui , en ce moment , procure aux marchands de linon , les
papiers d'enveloppe que les Hollandais seuls
leur fournissaient. Il fabrique également les
papiers qui servent à envelopper les velours
d'Amiens. Ses papiers blancs et de couleur , sont
surprenans par leur beauté et leur bonne qualité.
S'il n'était membre de la Société , personne ,
sans-doute , n'eût eû plus de droits que lui à une

Médaille. Nous lui avons renouvellé dans cette séance publique, en présence de nos concitoyens, l'expression de la reconnaissance, dont il a reçu si souvent le témoignage dans nos séances particulières. Puisse s'accomplir le vœu que nous avons formé depuis long-temps, de voir s'établir à Montaigu, sous la direction de notre collègue, une manufacture de papier, où ses talens pourront se développer en grand. La demande est sous les yeux du ministre. Les rapports favorables faits par les administrateurs des hospices et le conseil municipal de Caen, par l'ingénieur en chef et le préfet du département, nous portent à croire que bientôt le citoyen Desétables pourra réaliser nos espérances.

MENTIONS HONORABLES.

Si pour cette année, le nombre des Médailles n'eût été fixé à neuf, nous nous serions empressés d'en accorder aussi à plusieurs autres fabricans qui, sans-doute, en étaient également dignes par leurs talens personnels, mais dont les établissemens n'occupent pas autant d'ouvriers, et ne présentent pas des résultats aussi importans. La Société, en leur accordant des mentions honorables, leur a offert de justes dédommagemens.

CHAM-

CHAMBERLAIN, propriétaire et directeur de la fabrique des acides et sels minéraux à Honfleur : couperose.

Il existe à Honfleur un de ces ateliers d'autant plus intéressant, que les matières premières qu'on emploie, se trouvent en abondance dans le pays, et que la nature seule y est mise à contribution. Le citoyen Chamberlain a formé dans cette ville, une fabrique d'acides et de sels minéraux si recherchés dans le commerce. La couperose (sulfate de fer) qu'il a exposée est d'un vert clair, et d'une cristallisation régulière ; le citoyen Chamberlain emploie dans sa fabrication des procédés qui lui sont particuliers, et qui lui ont mérité un brevet d'invention. C'est sans-doute par erreur que son nom a été mis dans le catalogue des objets exposés au Louvre en l'an 10, sous le n°. du département de la Seine-Inférieure. Il fait trop d'honneur au Calvados pour que nous ne nous empressions pas de le révendiquer.

LE CAVELIER, propriétaire et directeur de la fabrique de tabac à Caen.

Aidé de ses seuls enfans, le citoyen Cavelier éleva il y a sept ans, une manufacture de tabac. Surmontant toutes les difficultés qui rebutent souvent l'homme qui commence une entreprise, il est en peu de temps parvenu à faire entrer sa fabrique en concurrence avec les plus renommées. La société ne peut lui accorder trop de louanges, ainsi qu'à sa famille, à laquelle nous devons plusieurs autres établissemens.

Flaguais, fabricant de papiers peints, à Caen.

Depuis que dans la fabrication des papiers peints on est parvenu à imiter les plus belles tapisseries en laine et en soie, celles-ci sont beaucoup moins en usage. Le bas prix des tentures en papier et la variété des dessins qui permettent à la mode d'en changer plus souvent, ne contribuent pas peu à cette préférence. La manufacture de ce genre, formée ici, il y a quelques années, offre le double avantage du bon marché et de la diversité dans les échantillons. Elevée par les soins du citoyen Flaguais, elle a pris la plus grande consistance, et fait beaucoup d'honneur à cet estimable fabricant.

Lion, horloger à Beaumont-en-Auge : horloge.

Dans les arts méchaniques comme dans les arts libéraux, souvent les circonstances servent à développer des talens qui seraient restés in-

(19)

connus. On se rappelle que *Quintis Matzer*, de maréchal-ferrant devint un des plus grands peintres de son siècle. Le citoyen Lion, d'abord maréchal lui-même, entra par hazard chez un horloger. Aussitôt son imagination se monte, il forge un chassis, trace un calibre, lime des roues, taille des pignons, assemble toutes les parties d'une horloge et s'écrie : *et moi aussi, je suis horloger !* Cet essai a été suivi de plusieurs autres travaux intéressans, parmi lesquels on distingue une horloge. Le citoyen Lion n'a pas eu recours, pour faire valoir son talent, à la sculpture et à la dorure, charlatanisme aujourd'hui trop commun dans les ouvrages de cette espèce, où le principal est souvent négligé pour le brillant accessoire. Combien est étonnant cet homme ! qui, sans maître, sans livres, sans outils propres à simplifier le travail, est parvenu à faire une machine aussi compliquée.

LARGILLIERE, de Caen : machine destinée à polir les canons de fusil sortant de la forge.

Le citoyen Largilliere, artiste connu par beaucoup de morceaux de sculpture et de méchanique, qui indiquent autant de goût que de connaissances, a inventé une nouvelle machine fort simple, qui fait mouvoir horisontalement sur son axe un canon de fusil, tandis qu'un polissoir placé parallèlement dans une coulisse, et mis en action au moyen d'un pignon d'engrenage, parcourt la longueur du canon d'un bout à l'autre. Non seulement le poli en est très-expéditif, mais il n'est pas inégal, comme dans le travail de la main. Nous nous sommes empressés de rendre hommage aux talens du cit. Largilliere, dont la modestie égale le mérite.

Rousseau, armurier en chef de la 43ᵉ demi-brigade : serrure de sûreté.

Cette serrure, très-compliquée, a paru aussi bien conçue que bien exécutée. Elle présente beaucoup d'usages particuliers, inconnus à celui qui n'est point dans le secret. L'auteur d'un pareil ouvrage, annonce un grand talent.

Gautier (Jean), horloger à Caen : instrumens d'horlogerie.

Parmi ces divers objets, nous en avons remarqué un qui sert à fendre les roues. Il n'en est pas de plus nécessaire dans l'horlogerie, et c'est de sa bonté que dépend le mérite de ces machines, aussi utiles qu'ingénieuses, qui servent à mesurer le temps. Le citoyen Jean Gautier, non moins recommandable que son frère, dans les arts méchaniques, est parvenu à donner la plus grande justesse à cet instrument, et à tous ceux qu'il a composé.

Gautier (Samuel), de Caen : presse.

Chaque membre de cette famille privilégiée, a voulu payer son tribut aux arts. Il semble que les talens, chez les freres Gautier, soient une propriété d'héritage. Le citoyen Samuel Gautier a présenté une presse qui peut servir à beaucoup d'usages, particulièrement à comprimer la dentelle, et à lui faire prendre un petit volume. Le plus léger mouvement la fait agir. Elle est remarquable par son exécution et son fini précieux.

Danois pere et fils, couteliers rue de Geole, à Caen.

Nous avons remarqué un canif composé de 14 pièces, dont plusieurs s'ouvrent par des ressorts cachés. La belle exécution et le bon goût de ce canif *nécessaire*, ainsi que de quelques autres ouvrages de coutellerie, répondent à la réputation que s'est anciennement acquise notre ville, qui possède encore en ce genre d'habiles ouvriers.

Rossignol, Grusse et Firmin-Ferray, à Caen : cotons filés à la méchanique.

Trop long-temps un funeste préjugé a interdit en France les filatures à la méchanique, tandis que nos voisins en tiroient le plus grand parti. Les cotons des cit. Rossignol, filés à l'aide de ce nouveau procédé, sont très-recherchés dans le commerce. Par le zèle actif de ces jeunes-gens, leur établissement s'aggrandit chaque jour. Bientôt nos fabricans de bonneterie, trouvant ici le coton à bas prix et de bonne qualité, n'iront plus s'approvisionner ailleurs.

Les cotons filés à la main dans la commune d'Esquay, près Caen, exposés par madame Chuteaux, et teints en bleu par notre concitoyen Planquette, ont aussi été remarqués à cause de leur finesse et leur bon teint.

La société a profité de cette occasion pour témoigner aux citoyens Dampierre, Daubigny, Lafrenaye, Turgot, Livry-Sanguain, de l'arrondissement de Falaise, et à notre collègue Thierry, l'expression de la reconnaissance publique. En formant des troupeaux de moutons de race espagnole, ils ont donné un exemple utile aux agriculteurs de nos contrées. Les échantillons de laine exposés par eux, ont été trouvés d'une grande beauté. Il en est qui ne diffèrent en rien de celle d'Espagne. Nous avons vu avec plaisir beaucoup de cultivateurs fixer leurs regards sur cette laine, et se retirer de la salle d'exposition, en manifestant le désir d'élever des moutons qui en procurent d'une qualité aussi belle et aussi fine. Combien ne serait-il pas à souhaiter, comme l'a demandé notre collègue Joyau, que le vernement profitât de la grande foire de *Guibray*, pour établir à *Falaise*, une foire particulièrement consacrée à la vente des laines du Calvados, comme il en existe dejà à *Rambouillet* et à *Perpignan*. Nos propriétaires de troupeaux de Merinos, au lieu de faire vendre leur laine ailleurs, en trouveraient facilement le débit à Falaise, où les manufactures voisines, Louviers, Elbeuf et Andely, pourraient s'approvisionner. Bientôt le prix des laines des brebis espagnoles, trois fois plus considérable que celui des laines du pays, acheverait de convaincre l'homme de la campagne, par le puissant mobile de l'intérêt.

Paysant (Samuel) et Aubry-de-la-Noe, à Caen : coupons de drap et de calmouks.

Ces échantillons bien tissus, bien teints, bien apprêtés, sont le produit d'une manufacture élevée au milieu des orages de la révolution. Le cit. Paysant, en la formant, avoit pour but d'employer les laines du pays. Pourquoi faut-il que par l'effet des circonstances, cette entreprise se trouve interrompue au moment où elle faisait concevoir les plus heureuses espérances ? c'est avec une vive émotion que nous présentons au citoyen Paysant, des éloges et des regrets.

Laporte, fabricant d'étoffes de laine, de fil et de coton, à Caen.

La manufacture de droguets et de tirtaines du citoyen Laporte a occupé autrefois jusqu'à deux cents ouvriers. Mais le goût des indiennes et des draps, qui a pénétré jusques dans les campagnes, a fait beaucoup de tort à cette fabrique, dont le grand avantage est de tirer parti des productions du sol. Par les soins du citoyen Laporte, la laine du mouton est dégraissée, apprêtée, teinte et fabriquée ; cet honnête manufacturier a reçu le témoignage de notre satisfaction.

Parin freres, fabricans d'étoffes de fil, de coton et de laine, à Bayeux.

La Société a également accordé des louanges bien méritées aux freres Parin, qui viennent d'élever une fabrique de la même espèce, sous les auspices de notre correspondant Lalouette, sous-préfet de Bayeux, et du citoyen Leroy, maire de cette ville. Leurs *siamoises* sont de bonne qualité , et d'une couleur brillante. Leurs *rayures* servent par leur forte contexture à vêtir les femmes de la campagne. Quoique la consommation en soit reservée dans les bornes du département , le talent des freres Parin n'en doit pas moins être honoré. Il est facile d'appercevoir qu'ils pourraient parvenir à une fabrication d'étoffes plus propres à entrer dans le commerce.

Hospice de Caen : bazins , siamoises et cotonnades.

Nous avons porté une attention particulière sur les objets fabriqués à l'hospice , heureux résultats du travail rétabli depuis peu dans cette maison , par des administrateurs dignes d'estime et de reconnaissance. Ils prouvent l'intelligence de celui qui forme et dirige les élèves confiés à ses soins. Ce qu'ils ont fait en si peu de temps , indique ce qu'ils peuvent faire par la suite. Le *bazin* , quoique bien gaufré, est tissu négligemment, les *siamoises* nous ont paru devoir exiger plus de choix dans l'assortiment des chaînes et des trames. Nos observations n'ont eu pour but que le désir de voir couronner l'année prochaine le travail des pauvres. Il sera beau pour nous , le jour où nous pourrons offrir à l'indigence laborieuse , la palme de l'industrie.

Buck , fabricant de toiles peintes , à Venoix.

La position de Venoix, près Caen , sur le bord d'une rivière dont les eaux sont aussi favorables au blanchiment qu'à la teinture , avait paru à notre associé Oberkampt de Joui, très-favorable pour une manufacture d'indiennes. C'est dans cet endroit que le citoyen Buck a élevé une manufacture de ce genre , sans autres secours que ceux de sa famille. Il est successivement dessinateur, coloriste, imprimeur, blanchisseur , apprêteur. Plusieurs pièces exposées par lui, annoncent un fabricant très-instruit dans toutes les parties de son art ; mais il lui manque des capitaux assez considérables pour former une entreprise en grand. Puissent des hommes riches mettre à profit ses épreuves et associer leur fortune à ses talens !

Hue, Martine, Lunel, Nourri, Lebreton , de Caen.

Il n'est peut-être point d'art qui, depuis quelque temps ait été porté aussi loin en France que celui de l'ébénisterie, et il existe peu de villes où il ait fait autant de progrès que dans celle de Caen. Il ne fallait, pour en être convaincu, qu'examiner les objets mis à l'exposition. L'ar-

moire présentée par le citoyen Felix Huc , est
d'une sculpture à la vérité un peu compliquée ,
mais d'une parfaite exécution. Ce jeune-homme
réunit le talent de sculpteur à celui de menui-
sier. Les meubles en acajou , faits par le citoyen
Martine , sont dignes de la réputation dont il
jouit depuis plus de trente ans. Aux formes élé-
gantes il a su joindre la solidité de l'ouvrage.
Le bureau en bois de mérisier, simple mais d'un
bon goût , fait honneur au citoyen Lunel. Je
vous ai entretenu dans une autre séance, des
talens de Guillaume Lebreton : le forté-piano
et les autres objets exécutés par lui avec tant de
perfection , vous ont rappelé un artiste distingué , contraint par le malheur de fuir sa patrie.
Vous avez pu remarquer aussi , divers ouvrages
en bois et en ivoire , sculptés au tour , dont la
délicatesse étonne l'œil de l'amateur , et prouve
que le citoyen Nourri a surmonté toutes les difficultés de son art. Nous ne pouvons que nous
féliciter de trouver dans notre ville, des ouvrages aussi achevés en menuiserie et en ébénisterie. Pourquoi la prévention va-t-elle souvent
chercher à grands frais des talens éloignés ,
qu'elle dédaigne à ses côtés ?

Quoique cette fête fût particulièrement con-

sacrée aux arts industriels , les beaux arts , parés
de tous leurs charmes , ont voulu aussi contri-
buer à l'embellir. Nous avons admiré les diffé-
rens sujets de dessin , de peinture , de sculpture
et d'architecture des citoyens Robert Lefevre ,
Nourri, Ybert, Deshayes, Piolin , Cressot, Ca-
bourg, Binet, Hermerel , du cit. Fleuriau et de
ses dignes élèves, Desacres , Lavigne , Monin ,
Vardon , Dubois , Malherbe.

Nous avons aussi rendu hommage aux citoyens
Gambey et Votteman , qui sont parvenus à
faire de l'écriture , un art rival de la peinture.

La Société a également donné des éloges aux
citoyens Bonneserre , Brée , Yeury , pour avoir
soutenu notre ancienne réputation dans l'impri-
merie , cet art tout-à-la-fois si utile et si funeste,
sous le rapport social , mais toujours avantageux
sous le point-de-vue du commerce.

Les plans de navigation de la rivière d'Orne
depuis Argentan jusqu'à la mer, conçus par M.
Lalonde , ancien membre de l'académie, de-
vaient aussi orner cette galerie des arts , dont
il fut pendant toute sa vie le protecteur. Rap-
peller ici le nom de ce citoyen bienfaisant, c'est
payer à sa mémoire le tribut de reconnaissance

qui lui est dû, en faveur des services importans qu'il a rendus à notre cité. Puissent les
projets formés pour sa prospérité, recevoir bientôt leur exécution !

*Noms des autres Fabricans et Artistes qui
ont mis a l'exposition le produit de leurs
manufactures et de leurs talens.*

Je regrette de ne pouvoir entrer dans de plus
grands détails sur les autres objets mis a l'exposition, malgré l'intérêt qu'ils ont inspiré. Je suis
réduit à citer simplement le nom des personnes
qui se sont présentées au concours.

HUGUET, place St-Julien', à Caen : modèle
de fontaine avec jets d'eau.

ADELINE, horloger, rue Notre-Dame, à
Caen : deux pendules.

JOURDAIN, cour de la monnaie, à Caen,
gravimètre en argent, propre à remplacer le
trebuchet du commerce.

BOSCAIN, graveur, rue de la Poste, à Caen :
cachet de la Société d'Agriculture et de Commerce de Caen, représentant un caducée et un
épi de bled.

GUILLEMIN, armurier, rue St-Jean, à Caen :
fusils.

DUBOIS, armurier, rue St-Jean, à Caen : fusils et une paire de pistolets de combat, avec leur nécessaire.

DUBOURG, serrurier, à Saint-Pierre-sur-Dives : tournebroche portatif.

PREVOST, rue St-Jean, à Caen : voiture.

Ve TULLE, rue de Geole, à Caen, cuillère et couteau de service, avec divers couteaux de poche.

LONGUET, rue St-Jean, à Caen, en face l'hôpital militaire : cuillères et fourchettes en étain, pour la pacotille.

TAFU, rue St-Jean, à Caen : cuillères et fourchettes en étain : pour la pacotille.

VAUTIER, rue St-Sauveur, n°. 63, à Caen : nouvelles mesures de capacité, en étain.

VAUTIER, rue St-Jean, à Caen : nouvelles mesures de pesanteur, en fer.

BOISZERARE-BOISLAMBERT, orfèvre, à Caen : divers objets de bijouterie.

DONNET, joaillier, rue des Petits-Murs, à Caen : boucles d'oreilles, bracelets, colliers en rose et demi-brillant.

LUSETTY, opticien, rue de l'Oratoire, à Caen : baromètre.

DELAUNEY-DUFONDREY : poterie de Litry, près Bayeux.

THIBOUT , rue St-Jean , à Caen : vielle organisée.

LOUVET , sculpteur , porte au Berger : cadre.

LEBOUTEILLIER , tourneur, rue Hamon , à Caen : chaises et fauteuils.

LEPELTIER , pont St-Pierre, à Caen : ruches économiques de son invention.

JULIEN , pharmacien , à Caen : échantillons de coton, blanchi par l'acide muriatique oxigéné.

TIREL , de Vire : draps , qualité supérieure et inférieure.

THINARD fils , à Caen : une pièce de colonade bleue , à petites rayures.

LEROY-DUJARDIN , de Falaise : siamoises , toiles à petit carreau.

LEFORT (Jean-Jacques) , de Falaise : échantillons de retors.

Mm^e LECERF , rue Froide , à Caen : divers échantillons de dentelles.

LEGER-DUVERBOIS , cul-de-sac de la Fontaine , à Caen : divers échantillons de dentelles.

DILLAYE , rue St-Jean , à Caen : échantillons de dentelles.

Mm^e CARPENTIER , de Bayeux : échantillons de dentelles.

GODEFROY , rue des Capucins , à Caen : objets de bonneterie.

Mlle TROPLONG , à St-Gilles, à Caen : trois schals tricotés en angora.

HAMELIN , place St-Pierre , à Caen : divers objets faits au métier, en angora.

LOISEL aîné, de Falaise : bonnets communs, en coton.

FONTAINE , passementier , à Caen , rue Ecuyère, n°. 176 : divers échantillons de passementerie.

JOURDAIN, passementier, rue St-Jean , n°. 86 , à Caen : gallons en soie, fil et laine.

LANDELLE, de St-Sylvain , arrondissement de Falaise : caparaçons.

DOPHINÉ , chapellier , place St-Pierre , à Caen : chapeau de sa fabrique.

GOHIER , de Caen : chapeaux communs.

LAVAL , de Bayeux : chapeau fin.

BOISARD , de Caen , cour des Ursulines : chandelle économique et baudruche.

LEBRETON-BOYER , rue Froide , à Caen : bougie de table et cire blanchie à sa manufacture.

LEFEVRE , de Caen : tresses, chiffres et autres ouvrages en cheveux.

Nous

Nous avons proclamé le nom des fabricans et artistes qui ont orné cette galerie. Nous nous sommes empressés de rendre hommage à leurs talens. Mais leurs ouvrages ont parlé plus éloquemment que tous les discours, et le vif intérêt que nos concitoyens et les étrangers ont éprouvé en parcourant la salle d'exposition, a été pour eux le plus bel éloge. Si le gouvernement n'eût jugé à propos de remettre l'exposition du Louvre à une autre année, nous ne craignons pas de le dire, nos fabricans seraient entrés dans la lice avec avantage.

Nous avons regretté de n'avoir vu à l'exposition aucun échantillon de ces toiles de Lisieux, connues dans le commerce sous le nom de *Cretonnes*, recherchées non-seulement en France, mais dans les pays les plus éloignés. Si quelques autres ouvrages qui sortent de nos manufactures n'ont point paru, il ne faut en attribuer la cause qu'au court intervalle de temps qui n'a pas permis à tous les fabricans de se préparer au concours ; plusieurs même n'étaient pas prévenus

Après le rapport des commissaires, le citoyen Lance, conseiller de préfecture, remplissant les fonctions de préfet, a pris la parole et observé que notre département offrait autant de ressour-

C

ces, sous le rapport du commerce, que sous celui de l'agriculture; il a ajouté que les habitans industrieux d'un pays aussi fertile, avaient plus besoin de récompense que d'encouragement; que la plus belle et la plus digne d'eux, était les honneurs qu'ils recevaient de leurs concitoyens, accourus de toutes parts, pour être dans cette séance publique, témoins de leur triomphe. Il a rappellé les nombreux services que la Société d'Agriculture et de Commerce avoit rendu et ne cessait de rendre avec un zèle infatigable aux deux parties auxquelles elle consacre ses travaux. Il l'a remerciée au nom du préfet et du gouvernement, d'avoir, par ses soins actifs, provoqué cette exposition publique, qui doit produire les plus heureux résultats.

Les membres de la Société ont paru extrémement sensibles aux témoignages de considération du citoyen Lance, et aux applaudissemens répétés de tous les spectateurs, qui confirmaient la vérité de cet hommage.

Le président a levé la séance, et l'assemblée s'est séparée avec l'espoir de voir cette fête solennelle se renouveller l'année prochaine. Livrons-nous donc aux plus brillantes espérances. Ce tableau de notre industrie, dont notre ville n'offrit jamais d'exemples , en nous procurant des jouissances présentes , nous en promet beaucoup d'autres pour l'avenir. Que la crainte d'une nouvelle guerre disparaisse bientôt ; lorsque nous ouvrons le temple des arts , fermons à jamais celui de Janus.

Faisons également fleurir l'agriculture , cette base de la prospérité des états. Que le laboureur en conduisant sa charrue , trouve le repos au bout de ses sillons; que l'homme industrieux , en contribuant par son travail aux douceurs de la vie, trouve l'aisance , comme il reçoit aujourd'hui les marques de la considération publique : en reportant les yeux sur le spectacle de bonheur dont nous venons d'être environnés , combien il est satisfaisant pour nous , mes collègues d'y avoir contribué pour quelque chose.